कौन जात हो भाई

युवान बुक्स

अनबाउंड स्क्रिप्ट का उपक्रम

कौन जात हो भाई

प्रथम संस्करण : जनवरी, 2026

द्वितीय संस्करण : जून, 2026

ISBN : 978-93-47125-87-4

प्रकाशक : **अनबाउंड स्क्रिप्ट**
2/41, अंसारी रोड, दरियागंज, दिल्ली-110002
वेबसाइट : www.unboundscript.com
ई-मेल : books@unboundscript.com
फोन नं : 011-35807601

KAUN JAAT HO BHAI
Composed *by* Baccha Lal Unmesh
Illustrated *by* Virendra Maurya

मुद्रक : यश प्रिंटोग्राफ़िक्स, नोएडा, उत्तर प्रदेश

मूल्य : ₹ 249/-

कौन जात हो भाई

बच्चा लाल 'उन्मेष'

रेखांकन - वीरेन्द्र मौर्य

युवान बुक्स

ज्ञान

समानता और

न्याय के प्रतीक

डॉ. बाबा साहब आंबेडकर

को सादर समर्पित

अनुक्रम

आश्वासन	9
आस्था का व्यवसाय	10
सत्ता का ईश्वर	12
एक ग़रीब ___ परिवार था	14
क्योंकि तुम्हारी लत्ती चलती है	16
काहे की सबरी काहे को राम	18
ग़ुलामी का नैतिक स्वरूप	19
ग़ौर करना	20
चावल के कमज़ोर दाने	22
जल, जंगल, ज़मीन और हमारा ज़मीर	23
तुम क्यों झुकोगे दोस्त!	26
न्याय को न्याय की तलाश	28
भोगा हुआ यथार्थ	31
पीर पराई	32
प्रायश्चित	34
ब्लड डोनर और जाति का ओनर	36
मनमाफ़िक़ अपराध	38
मेरी माँ	40
मुझे मंज़ूर नहीं!	42
मैं लानत भेजता हूँ	43
सच्ची नारी	44
समाज बदल रहा है!	46
हम गमले के पौधे नहीं	49

हक़मारी 50
हम तब भी अन्न उगाते हैं 52
घुटन 54
बायाँ हाथ 55
बीमारी 56
जाति का रस्सा 57
जोड़ियाँ 58
कल का क़त्ल 59
जाति है कि जाती नहीं 60
इंसान बनो रे 62
लोकतंत्र के शिकारी 63
तुम सभ्य हो गए 64
घर बनाना है 66
गंगा जल 67
निर्मोही साधु 68
पंचवर्षीय अकाल 69
जाँगर चोरई सुख 70
कुर्ते की नाप 72
समीक्षा 73
हिंदू राष्ट्र 74
हिन्दू वाली फ़ाइल्स 75
छिछले प्रश्न गहरे उत्तर 78
अंकुरित होते बीज 80

इंकलाब तो लाओ	82
उम्मीद की आँच	83
एक योजना ऐसी हो !	84
कब तक ?	85
कौन है शिक्षक ?	87
चुम्बन की एक मुहर	88
जो मरे सड़क पर	89
दिशाहीन	91
पिंजरे का सुगना	92
प्यार का लंगर	93
सब नहीं मरे थे महामारी से	95
आधार	97
सार्थकता बनाम निरर्थकता	98
राम और राज	99
वो अफवाह और हम लापरवाह	102
एक आज़ादी ज़ेहन की	104
कबिरा की माटी	105
गणतंत्र पर षड्यंत्र	106
बहुरुपियों का स्वांग	107
आशाएँ	108
एहसास	109
कर्मपथ	110
नींद	111
लहू की कणिकाएँ	112

आश्वासन

रईसों ने बख़्श दी है जान इतना काफ़ी नहीं?
दे रहा आश्वासन है निज़ाम, इतना काफ़ी नहीं?

ज़मीं हो, न हो, न सही तुम्हारे पैरों तले
मिला है सारा आसमान, इतना काफ़ी नहीं?

दधीचि की हड्डियाँ नहीं कि तेरा इतिहास लिखूँ
आ गया कारख़ानों के काम, इतना काफ़ी नहीं?

ज़िस्म नींबू है, आँसू है नमक, है ओठ मिर्च
आया ख़ून शिकंजी के काम, इतना काफ़ी नहीं?

गणेश जनने की, तुम्हारे अंदर, प्रतिभा ही नहीं
किये हैं मैल अपने दान, इतना काफ़ी नहीं?

तुम्हारी पगड़ी को रंगरेज़ की ज़रूरत ही क्या
जो खा के थूका हमने पान, इतना काफ़ी नहीं?

समय निकालकर चंद लफ़्ज़ तुम्हारे नाम किये
फिर तुम्हारी बढ़ी है जो शान, इतना काफ़ी नहीं?

तुम्हारे ख़ातिर स्कूल नहीं, ईंट के भट्ठे तो हैं
खुली हैं कोयले के खानें, इतना काफ़ी नहीं?

आस्था का व्यवसाय

जिसे समझा था आस्था, वो व्यवसाय निकला
कोई रोटी का मोहताज, कोई अघाय निकला।

तुम एक बार गढ़ के ही, बेच आए मूरत
वो उसी मूरत से लाखों कमाय निकला।

जो सिंघियाता था सड़कों पर निर्दोषों को
वो सांड अदालत में, गाय निकला।

ये काहे का भगवान और कैसा न्याय है इसका?
जो रईसों का वरदान ग़रीबों के लिए हाय निकला।

उसने गढ़ डाला तुम्हें, भेड़ की शक्ल में
फिर अंधभक्ति का जंगल, चराय निकला।

लिया धूर्त ने तुमसे दही, गुड़ और चावल
फिर बुद्धि को हवन में, जलाय निकला।

छीन के सारे अधिकार, दे पाखण्डों का उपहार
तुम्हारे बच्चों का भविष्य, वो चबाय निकला।

पता कर लो कारख़ानों में, पिसीं हड्डियाँ किन की
कोई कुर्मी, चमार तो कोई कुम्हार निकला।

ऐसे परजीवियों का खुलकर बहिष्कार करो
जो अपने जाँगर का नसबन्दी कराय निकला।

सत्ता का ईश्वर

ईश्वर वो क़र्ज़ा है
जिसे ग़रीब आजीवन भरता है
सत्ता की तरह!

ईश्वर वो परदा है
जो बेबस को नंगा करता है
सत्ता की तरह!

ईश्वर वो बरधा है
जो हाड़ चबाया करता है
सत्ता की तरह!

ईश्वर वो गरदा है
जो सपने धूमिल करता है
सत्ता की तरह!

ईश्वर वो मरदा है
जो स्त्रियों पर ज़ुल्म करता है
सत्ता की तरह!

ईश्वर कोरा परचा है
जिसे नाहक़ भरना पड़ता है
सत्ता की तरह!

ईश्वर वो फंदा है
जो मज़लूमों की गर्दन कसता है
सत्ता की तरह!

ईश्वर झूठा दरजा है
जो तर्क से हमेशा डरता है
सत्ता की तरह!

ईश्वर उस व्यक्ति का भत्ता है
जो कामचोरी करता है और बेगारी में मारता है
सत्ता की तरह!

ईश्वर भगवा कत्था है
जो हरे को ख़ूनी करता है
सत्ता की तरह!

ईश्वर वो ठर्रा है
जो ज़ेब को ढीला करता है
सत्ता की तरह!

ईश्वर ऐसा नशा है
जो जनता के सिर चढ़ता है
सत्ता की तरह!

ईश्वर इतना सस्ता है
जिसे ज़ेब में पंडा रखता है
सत्ता की तरह!

ईश्वर ऐसा धंधा है
जिस पर ग्राहक मरता है
सत्ता की तरह!

एक ग़रीब ___ परिवार था

एक ग़रीब___परिवार था।
कहानी रटी-रटाई-सी जान पड़े तो
ख़ाली स्थान ख़ुद ही भर लें!
इन बस्तियों में उस परिवार की अब भी तलाश है मुझे
आपको पता हो तो
कहानी आगे बढ़े!
जब बच्चा यादव और उसके दोस्त उन्मेष पांडेय
मानव मल ढोते दिखें तो
चन्नू मुसहर को बुलावा भेजें कि
वे अपने एयर कंडीशंड रूम से निकलें
और बच्चा यादव और उसके साथी उन्मेष पांडेय को कवरेज़ दें।

जब शाम को सूर्यवंशी ठाकुर जी फुटपाथ से
अपनी सब्ज़ी की दुकान समेटते दिखें
तो ऐन वक़्त पर बुधिया चमार
दो रुपये कम देकर
सारी सब्ज़ी ख़रीद डाले
और अपनी दरियादिली का लोहा मनवा ले।

जब सौ में करीब पन्द्रह बच्चे तथाकथित
ग़रीब परिवार के दिखें तो

गंगा में नाक बंद कर डुबकी लगा आए
संस्कृत के आचार्य श्रद्धेय मुलचन चमार जी को बुलाकर
विष्णु शर्मा की वही नैतिक कहानी
पूरी ज़िम्मेदारी के साथ बच्चों को पढ़ाई जाये कि
एक ग़रीब__परिवार था।

क्योंकि तुम्हारी लत्ती चलती है

तुम पूज्य नहीं हो हमारे ग्रंथों में
तब भी नहीं थे और अब भी नहीं हो
तुम भैंस थे, भैंस हो और भैंस ही रहोगे।
कुछ आएंगे बीन बजाने तुम्हें जगाने
पर तुम हरक़त नहीं करोगे
क्योंकि बना बनाया मुहावरा तुम्हारे लिए
अब रूढ़ हो चुका है।

तुम पूज्य नहीं हो हमारे ग्रंथों में
तब भी नहीं थे और अब भी नहीं हो
तुम शूद्र थे, शूद्र हो और शूद्र ही रहोगे।
कुछ आएंगे तुम्हारे अपने, बुनियाद उठाने तुम्हें पढ़ाने
पर तुम हरक़त नहीं करोगे
क्योंकि तुम्हारा समाज
मंदिरों में जा-जाकर मूढ़ हो चुका है।

तुम पूज्य नहीं हो हमारे ग्रंथों में
तब भी नहीं थे और अब भी नहीं हो
तुम बबूल थे, बबूल हो और बबूल ही रहोगे
कुछ लोग आएंगे तुम्हें सजाने, उपयोगी बनाने
पर तुम हरक़त नहीं करोगे
उल्टे उन्हीं के हाथों में चुभोगे
क्योंकि तुम अंदर से सख़्त और ठूँठ हो चुके हो।

तुम पूज्य नहीं हो हमारे ग्रंथों में
तब भी नहीं थे और अब भी नहीं हो
तुम बैल थे, बैल हो और बैल ही रहोगे
कुछ आएँगे तुम्हें खूँटे से छुड़ाने, पगहा तुड़ाने
पर तुम हरक़त नहीं करोगे
क्योंकि कोल्हू तुम्हारी नियति है
और नियति तुम्हारा कोल्हू।

तुम पूज्य नहीं हो हमारे ग्रंथों में
तब भी नहीं थे और अब भी नहीं हो
तुम हमारे ग्रंथों को ढोने वाले गदहे रहोगे
कुछ आएँगे इंसान बनाने, तुम्हें समझाने
पर तुम हरक़त नहीं करोगे
क्योंकि अब तुम्हारी सिर्फ़ लत्ती चलती है
बुद्धि नहीं।

काहे की सबरी काहे को राम

काहे की सबरी काहे को राम
जब सब मानुष होत समान।

आध्यात्म की बतकही, द्रव्य पे ध्यान
आस्था की माई फिर काहे उतान।

आरती हो, पूजा हो, चाहे अज़ान
मौलवी और पंडा ही चढ़ते मचान।

मंदिर में लाख-लाख सोने की ख़ान
बिन रोटी निकल गई रामू की जान।

रख ना सके जो ग़रीबों का मान
फिर तो ख़ुदा तेरी झूठी है शान।

किसने कहा दो ईश्वर को दान?
पाखंडी चबायेगा तेरा मेहनत का दान।

सुना है आँख देता, देता बहरों को कान
जो ख़ुद ही बुत बनके बैठा, बैठा है बेज़ुबान।

तुम तीर बनाओ, वो बनायेगा कमान
थूकेगा तुम्हीं पर, लेकर तुम्हीं से पान।

ग़ुलामी का नैतिक स्वरूप

काँटों ने हिफाज़त के नाम, ग़ुलाब को ग़ुलाम बनाया है
बादलों ने बारिश के नाम, सुबह को शाम बनाया है।

मज़लूमों के पैसे घर में, कैसे? आख़िर कब तक टिकते?
धूर्तों ने श्रद्धा के नाम, जो सौ सौ धाम बनाया है।

इसकी मौत, उसकी मौत, मेरी, तेरी सबकी मौत
फ़ाइलों में सिर्फ़ संख्या है, किसने नाम बनाया है?

मत पूछो उस सौदागर से, हड़ाये मज़दूर कहाँ गये?
हड्डियों का चूर्ण बेचकर, जिसने दाम बनाया है।

गदराया बदन दिखे ना, ये ख़बर भूल कर कहीं छपे ना
सत्ताओं ने डाल के रोटी, अपना काम बनाया है।

उसपर कैसे उम्मीद करें हम, कबतक बैठें धीर धरे हम
मज़दूरों का ज़िस्म गार कर, जिसने जाम बनाया है।

ग़ौर करना

जब शहर जले कहीं धू-धूकर
फिर कोई कहे आ थू-थूकर
समझ लेना उसके ही हाथों
रखी गई चिंगारी थी।

जब कहीं किसी का कटा हो सर
फिर कहे कोई किसका है धड़
समझ लेना उसके ही हाथों
चली कटारी आरी थी।

जब किसी ने लिया हो खेत चर
फिर कोई कहे यार ढाँढस धर
समझ लेना उसके ही पैरों
रौंदी गई क्यारी थी।

जब हरखू की पगड़ी ही ज़ेवर
और कोई कहे इतने तेवर!
समझ लेना उसके ही हाथों
खींची गई सारी थी।

जब गोधना पेट की बात करे
और कोई आध्यात्म की बात धरे
समझ लेना उसके ही हाथों
फ़ैली अछूत बीमारी थी।

जब बेटा मिल में काम करे
और बाप ठाकुर को सलाम करे
समझ लेना उनके ही हाथों
शोषण की रस्म जारी थी।

चावल के कमज़ोर दाने

एक चावल न पाने से मर गई
एक चावल खाने से डर गई।

एक डूबा दूध की नाली
एक कठौती खाली घर गई।

एक प्यास से व्याकुल होकर
एक भूख से सूली चढ़ गई।

एक ज़ुल्म से आहत होकर
एक नदी बच्चों संग तर गई।

एक की छाती सूखी-सूखी
एक की पूरी आँखें भर गई।

एक शर्म से चुप्पी साधे
एक तो डर से पाँव पसर गई।

एक तो घूँघट उठा न पाई
एक ज़िंदा जीभ क़तर गई।

जिसने सबकी जूठन खायी
आज वही चूल्हों में जर गई।

जल, जंगल, ज़मीन और हमारा ज़मीर

माँस के अतिरिक्त,
तुम्हें जानवरों से मिलता है क्या?
मिलता है प्यार,
गर उन्हें हम जानवर न कहें।

लकड़ियों के अतिरिक्त,
तुम्हें जंगलों से मिलता है क्या?
मिलता है किसी का घरबार,
गर उन्हें हम जंगल न कहें।

जल के अतिरिक्त,
तुम्हें नदियों से मिलता है क्या?
मिलती हैं कई सभ्यताओं की बुनियादें,
गर हम सभ्यता से कहें।

मिट्टी के अतिरिक्त,
तुम्हें ज़मीनों से मिलता है क्या?
मिलता है सृष्टि का सार,
गर उन्हें हम मिट्टी न कहें।

आतंक के अतिरिक्त,
तुम्हें नक्सलियों से मिलता है क्या?
मिलता है हक़ के लिए लड़ने का अधिकार
गर उन्हें हम नक्सली न कहें।

उपद्रव के अतिरिक्त,
तुम्हें इन व्यक्तियों से मिलता है क्या?
मिलती है समूल क्रांति की फुहार,
गर उन्हें हम महज़ एक व्यक्ति न कहें।

अब मैं पूछूँ???

सोने के अतिरिक्त,
खदानों से तुम्हें मिलता है क्या?
मिलता है तुम्हारे सोए हुए ज़मीर का पता,
गर तुम बग़ावत न करो।

हमें ग़ुलाम बनाने के अतिरिक्त,
तुम्हें मिलता है क्या?
मिलता है तुम्हारे ख़ून में मिलावट का पता,
गर तुम प्रतिकार न करो।

हमारी बेटियों से बलात्कार करने के अतिरिक्त,
तुम्हें मिलता है क्या?
मिलता है तुम्हारे जीते जी मर जाने का पता,
गर तुम हरक़त न करो।

हमसे लड़ने के अतिरिक्त,
तुम्हें मिलता है क्या?
मिलता है तुम्हारे अकेले होने का पता,
गर तुम न रहो।

हमारे सपनों को कुचलने के अतिरिक्त,
तुम्हें मिलता है क्या ?
मिलता है तुम्हारे बिरसा के न होने का पता,
गर तुम अपना इतिहास भूल जाओ।

तुम क्यों झुकोगे दोस्त!

तुम्हारे पैरों के खड़ाऊ बहुत बजते हैं
इनकी तल्ली में चिपके हैं
आठ, चार, छः और दो पैरों वाले जीव
इन्हें देखने के लिए तुम्हें झुकना पड़ेगा
पर तुम क्यों झुकोगे दोस्त! दलित थोड़े न हो।

तुम्हारे वस्त्रों का पीलापन अब गहमाता जा रहा है
ये किन्ही के आँखों के पीलेपन का प्रतीक है
इन्हें देखने के लिए उन आँखों में झाँकना पड़ेगा
पर तुम नहीं झाँकोगे दोस्त! दलित थोड़े न हो।

तुम्हारे घर के सामने वाला सीवर बदबू दे रहा है
इसमें पनप रहे हैं कुंठित विचार और दर्प
इन्हें हटाने के लिए सीवर में उतरना पड़ेगा
पर तुम नहीं उतरोगे दोस्त! दलित थोड़े न हो।

तुम्हारे इंसान बनने की प्रक्रिया में जाति आड़े आ रही है
मर रही हैं संवेदनाएँ और तमाम मानवीय संभावनाएँ
इन्हें जगाने के लिए जाति का दंभ छोड़ना पड़ेगा
पर तुम नहीं छोड़ोगे दोस्त! दलित थोड़े न हो।

तुम्हारी अट्टालिकाओं में सीप के झालर लगे हैं
दलितों के छप्पर तो सब जगह से चूने लगे हैं
इन्हें ढकने के लिए चमड़ा उठाना पड़ेगा
पर तुम नहीं उठाओगे दोस्त! दलित थोड़े न हो।

तुम्हारे मंदिरों के देव दूध पीकर नाले में मूत रहे हैं
द्वार पर भूखे भिखारी, ख़ून थूक रहे हैं
इनकी भूख मिटाने के लिए ये धार मोड़ना पड़ेगा
पर तुम नहीं मोड़ोगे दोस्त! दलित थोड़े न हो।

न्याय को न्याय की तलाश

न्याय कुछ जाना पहचाना-सा शब्द है
जो आज ख़ुद, न्याय की तलाश में है
इसे कटघरे में उतरा गया मंदिरों के
जहाँ इसके लिए
पुनर्जन्म के कर्मों का हवाला दिया गया
और कहा गया-जो तुम भोग रहे हो
वही 'न्याय' है
लो हो गया न्याय!

न्याय कुछ जाना पहचाना-सा शब्द है
जो आज ख़ुद, न्याय की तलाश में है
इसे कटघरे में उतारा गया भिखारियों के
जहाँ इसके लिए
भाग्य का हवाला दिया गया
एक ऊँची हिल वाली आयी
और टूटे चप्पलों को चिढ़ाकर चली गयी
फिर कहा गया- ये जो भाग्य है
वही 'न्याय' है।
लो हो गया न्याय!

न्याय कुछ जाना पहचाना-सा शब्द है
जो आज ख़ुद, न्याय की तलाश में है
इसे कटघरे में उतारा गया मस्जिदों के

जहाँ इसके लिए
अल्लाह के रहम-ओ-करम का हवाला दिया गया
और आकाश में बने इंद्रधनुष के लिए
अपने बुर्ज़ से तीर बनाते ख़लीफ़ा
सत्तर हूरों को अपनी बाहों में जकड़े
ग़रीब बेवा आबिदा की कमसिन बेटियों को
बदचलन कह कर
फ़तवा जारी करता है
फिर कहलवाया गया, ये जो फ़तवा है
वही 'न्याय' है।
लो हो गया न्याय!

न्याय कुछ जाना पहचाना-सा शब्द है
जो आज ख़ुद, न्याय की तलाश में है
इसे कटघरे में उतारा गया तवायफ़खानों के
जहाँ इसके लिए
सिक्कों का हवाला दिया गया
नर्तकियाँ ख़ूब नाचीं, मन बहला आईं इज़्ज़तदारों के
फिर सिक्का उछाला गया
और कहा गया, ये जो सिक्का है
वही 'न्याय' है।
लो हो गया न्याय!

न्याय कुछ जाना पहचाना-सा शब्द है
जो आज ख़ुद, न्याय की तलाश में है
इसे कटघरे में उतारा गया नौकरशाहों के

जहाँ इसके लिए
क़लम-क़साई का हवाला दिया गया
हर दलित सफ़ाई कर्मी नहीं है
पर हर सफ़ाई कर्मी दलित है
फिर कहा गया ये जो कुदाल पर क़लम भारी है
वही 'न्याय' है।
लो हो गया न्याय!

न्याय कुछ जाना पहचाना-सा शब्द है
जो आज ख़ुद, न्याय की तलाश में है
इसे कटघरे में उतारा गया न्यायालयों के
जहाँ इसके लिए
सीमित परिवार का हवाला दिया गया
और कहा गया क़लम की स्याही
कॉलिजियम के पास है और पालतू हथौड़ा भी
फिर जताया गया, ये जो सीमित परिवार है
वही 'न्याय' है।
लो हो गया न्याय!

भोगा हुआ यथार्थ

होगा तेरे लिए अफ़वाह, मेरा भोगा हुआ यथार्थ है
मेरी इस दुर्गति में आख़िर, तेरा ही समूल हाथ है।

ये दुर्गन्ध तुझसे ही है, तू ही इसका तात है
बंदरिया सी चिपकी हुई, ये दुधमुँही जो जात है।

मैंने कहा एक दिन ही सही, मेरी बस्ती में आओ ज़रा
फिर क्या था? सूरज ने कहा यहाँ कितनी लम्बी रात है।

चार से इतनी दिक़्क़त क्या है? ये कौन सी बात है
तीन और एक मिलाकर यहाँ, करता कौन सात है?

मरे तो मरे हम, यहाँ कितनों की पड़ी लाश है
साहब ने यहाँ कितना छींका? ये दिखाना अहम बात है।

ज्ञान का संधान कर, जब भी हम आगे बढ़े
तुम बुज़दिल नामर्दों का क्यों, पिसता हुआ दाँत है?

मनुष्य हो तो आगे आओ,जाति-धरम का भेद मिटाओ
संविधान में सबके लिए, बनी एक ही खाट है।

होगा तेरे लिए अफ़वाह, मेरा भोगा हुआ यथार्थ है...

पीर पराई

हिरन का दर्द शिकारी से पूछ आए?
पैसों की सलामती जुआरी से पूछ आए?

तुम भी ग़ज़ब के जमूरे हो भाई
बैठना कैसे है मदारी से पूछ आए?

जिस गाड़ी की हेडलाईट कल-पुर्ज़े हैं ढीले
चलाना कैसे है, सवारी से पूछ आए?

पूछना था घोड़े से जिसके मुँह में है लग़ाम
लोहे का स्वाद लुहारी से पूछ आए?

कहाँ मोह-माया कहाँ साधु की काया
सत्ता की मौज भगवाधारी से पूछ आए?

जलते हो सूरज की ऊँचाई से, जलो!
पर पर्वत की ऊँचाई खाड़ी से पूछ आए?

अपनी बचा लो पर चिढ़ाओ हमें तो मत
आरक्षण की बात पुजारी से पूछ आए?

बच्चा तुम भी हो बड़े ही मज़ाक़िया
ब्रह्मचारी का चरित्र, व्यभिचारी से पूछ आए?

पता मुझे तो था बीपीएल का कार्ड बनाना
जो पेड़ की दुविधा, कुल्हाड़ी से पूछ आए।

कहते थे बस, कुछ भी न बोलेंगे यार हम
बैठे जो सिरहाने, दुनियादारी पूछ आए?

प्रायश्चित

जब किसी का हक़ खाना,
एक बार यहाँ भी हो आना
जहाँ रहती थाली ख़ाली है,
कानों में सींक की बाली है
भट्ठों के कमेरा बच्चे,
इनसे अधिक ईंट में लाली है
यहाँ टूटे-फूटे रस्ते होंगे,
पर मुश्किल नहीं पहुँच पाना

यहाँ प्रायश्चित करने ज़रूर आना।

ये अपने ही देश में बसते हैं
जीवन बेज़ार और सस्ते हैं
ककड़ी माफ़िक़ फटे ओंठ
दर्द छिपाकर हँसते हैं
जब विदेश घूमकर आए हो
फिर मुश्किल नहीं यहाँ पहुँच पाना

यहाँ प्रायश्चित करने ज़रूर आना।

जब ज़ेब तुम्हारी हरी भरी हो
घर में दूध मलाई पड़ी हो
जब तुम्हारे लालच के आगे
कोई बेवा बेबस, लाचार पड़ी हो

जब दो कौड़ी की हो जाये ज़मीर
और बेईमान हो जाओ सोलहो आना

यहाँ प्रायश्चित करने ज़रूर आना।

जब अध्यात्म की माई पहाड़ चढ़े
पत्थर पर कपूर और धार चढ़े
इंसान भले रहे भूखा नंगा
मलमल का चद्दर मज़ार चढ़े
बेशक बेशर्मी निज स्वार्थ लिए
मंदिर में एक दीया जलाना

यहाँ प्रायश्चित करने ज़रूर आना
जब किसी का हक़ खाना।

ब्लड डोनर और जाति का ओनर

जातियाँ आपस में काम लेती हैं
पर जाने का नाम नहीं लेतीं

जातियाँ उस जाँत की तरह हैं
कि अम्मा थके तो बच्चे संभालें

पीस दी जाती हैं हर रोज जिसमें
घुन की तरह तमाम मानवीय संवेदनाएँ
भुरभुरी हो जाती हैं निष्पक्ष आत्माएँ

फिर शौक़ से बनायी जाती हैं रोटियाँ
कड़ाही में डाल दिये जाते हैं
निरीह हिरण के दुधमुँहे बच्चे
और साथ में उनकी भी बोटियाँ
बनाये जाते हैं हड्डियों के कलछुल
दिये जाते हैं रक्त में डूबे आँख के तड़के

मृगनयन चटक-चटककर
गिरते हैं जब सीता की थाली में
मृग उन्हीं भुंजे नयनों से देखते हैं लव और कुश को
कि राम सिखा रहे हैं उन्हें

कि हिरण का शिकार कैसे करें
कैसे करायें रक्त का पान अपनी नसों को
कि वीर्य से पोषित होती हैं जातियाँ
जातियाँ रक्त के लेन-देन से नहीं मरा करती मेरे बच्चों

मनमाफ़िक़ अपराध

जब भूखा इंसान रोटी की चाह भूल जाये
और भटका इंसान घर की राह भूल जाये
उसे राष्ट्रवाद का दारू कोई भी पिला सकता है।

जो शोषकों का किया गया अपराध भूल जाये
जो अब तक ग़ुलामी का चखा स्वाद भूल जाये
उसे आध्यात्म का पाठ कोई भी पढ़ा सकता है।

जो किसान पाले की मार भूल जाये
और अनिश्चित वर्षा की धार भूल जाये
उसके खेत में सांड कोई भी हाँक सकता है।

जब शेर स्वभाविक दहाड़ भूल जाये
ऊँट को देख ऊँचाई पहाड़ भूल जाये
उस शेर को घास कोई भी खिला सकता है।

जब डोली उठाना कहार भूल जाये
और आँगन में आना बहार भूल जाये
उसका मड़वा हवा का एक झोंका भी हिला सकता है।

जब दहलीज़ पर जलना चराग़ भूल जाये
अलि बागों में जाये पर पराग भूल जाये
उसे बेरोज़गारी का मारा कोई भी बना सकता है।

जब कोयल को पालना काग भूल जाये
माँ बथुआ और सरसों का साग भूल जाये
उस घर को पिंजड़ा कोई भी बना सकता है।

जब गमले का पौधा बढ़वार भूल जाये
खाद रसद और पानी की मार भूल जाये
उसे बोनसाई-सा पौधा कोई भी बना सकता है।

मेरी माँ

मेरी माँ वो नहीं, जिसके नौ रूप बताए गए
मेरी माँ वो नहीं, जिसे स्वर्ग से लाया गया
मेरी माँ वो भी नहीं, जिसे जगराते में नौ दिन गाया गया
मेरी माँ तो वो है जिसके पेट में मैं नौ महीने संभाला गया।
मेरी माँ सपनों का अंबार नहीं है
मेरी माँ कल्पनाओं का पहाड़ नहीं है
मेरी माँ हक़ीक़त, मूर्त और सजीव है
वो किसी मिट्टी के शेर पर सवार नहीं है।

मेरी माँ सरल है, सहज है, उसमें मानवीय गुण बहुत हैं
मेरी माँ कोई शक्ति का अवतार नहीं
पर मेरा ख़्याल रखती बहुत है।
मेरी माँ चरणामृत नहीं देती पीने के लिए, न ही प्रसाद
पर भूख लगने पर दूध का प्याला
और अपने हक़ का निवाला ज़रूर देती है
इसलिए मुझे मेरी माँ में भक्ति बहुत है।

मेरी माँ सामान्य है,क्योंकि उसके चार-चार हाथ नहीं
मेरी माँ मूर्तिकार के द्वारा गढ़ी कोई लकड़ी की मूरत नहीं
मेरी माँ वो नहीं जो कष्ट में मुझे
कंदराओं, गुफ़ाओं में मिलने को बुलाए

क्योंकि मेरी माँ एक सच्ची माँ है
कोई निशक्त या तानाशाह जल्लाद नहीं।

मेरी माँ बस एक माँ है जो एक माँ को होना चाहिए
पर उससे पहले हमें भी उसका बेटा होना चाहिए
साफ़ करके उसका मैला आँचल
और बाँध के पल्लू में प्यार की गाँठ
तब जाकर इस मातृ दिवस पर हमें
माँ का रोना रोना चाहिए।

मुझे मंज़ूर नहीं!

जिसने इस दौर के इंसा किए हैं पैदा
*वो मेरा भी ख़ुदा हो, ये मुझे मंज़ूर नहीं!**

जिसने चंद सिक्कों पर किया हो मंदिर में सौदा
वो मेरा भी ख़ुदा हो, ये मुझे मंज़ूर नहीं!

जिसके ख़ातिर टूटा हो, हर कली हर पौधा
वो मेरा भी ख़ुदा हो, ये मुझे मंज़ूर नहीं!

जिसके सामने इंसानियत को, हैवानियत ने रौंदा
वो मेरा भी ख़ुदा हो, ये मुझे मंज़ूर नहीं!

जिसने हर रहगुज़र हैवानों को, दिया लूटने का मौक़ा
वो मेरा भी ख़ुदा हो, ये मुझे मंज़ूर नहीं!

जिसने दिया हो प्यासे को, बिन पानी के नौका
वो मेरा भी ख़ुदा हो, ये मुझे मंज़ूर नहीं!

जिसने धर्म के नाम पर, इंसानियत को दिया धोखा
वो मेरा भी ख़ुदा हो, ये मुझे मंज़ूर नहीं!

जिसने वहशी दरिंदों को, एक बार भी नहीं टोका
वो मेरा भी ख़ुदा हो, ये मुझे मंज़ूर नहीं!

---

* हाफ़िज़ जालंधरी का शे'र

मैं लानत भेजता हूँ

लानत भेजता हूँ तेरे ईश्वर को
कह दो एक अच्छा-सा मुहूर्त निकालकर मर जाये।

लानत भेजता हूँ तेरी सरकारों को
कह दो बाज़ारों में इज़्ज़त नीलाम कर घर जाये।

लानत भेजता हूँ तेरे तमाम वादों को
गर तेरी मौजूदगी में कोई भूखा सोये, गर्दिश में रोये और मर जाये।

लानत भेजता हूँ तेरी तमाम व्यवस्थाओं को
गर कोई मीठा बोले, गिरह खोले और नन्ही बच्ची डर जाये।

लानत भेजता हूँ उन तमाम परिभाषाओं को
जो ईश्वर गढ़े, शब्दों से छले और मस्तिष्क पटल पर गड़ जाये।

लानत भेजता हूँ तेरी इस नदारदी को
जो धर्म को ठेले, दर्द से खेले और अपनी झोली भर जाये।

लानत भेजता हूँ तेरी कल्पित किताबों को
जो अधिकार छीने, पानी भी न पीने दे और ग़ुलामी मढ़ जाये।

एक लानत भेजता हूँ उन आँखों को
जो ग़ुलाब चुने, हसीन ख़्वाब बुने, पर ग़ुरबत देख आगे बढ़ जाये।

सच्ची नारी

जब-जब आह्वान हुआ इनका
ये हौसलों की धाय बनी
कभी भगत की माई बनी
तो कभी रमाबाई बनी।

कुत्सित, कल्पित, मनु से उपजी
सरस्वती वो तेरी है
निर्धन, दलित, हम शोषितों की
सावित्री ज्ञान की माई बनी।

कोटि कोटि बच्चों की ख़ातिर
ख़ुद के पूत बलिदान किए
स्वाभिमान को स्थापित करने
कफ़न स्वयं रमाबाई बनी।

हर पग पर साथ मिला भीम को
पहला सदस्य मिला टीम को
जिससे भरोसा मापा जाता
उस माप की पहली इकाई बनी।

योगदान न पूछो इनका
त्याग गिनाना बेमानी है
उपला बेच गृहस्थी चलाई
तब जाकर भीम की टाई बनी।

कभी शिकन न आने दी
भीम शब्द को मायने दी
अधिकारों की लड़ाई में सदा
दृढ़ मज़बूत कलाई बनी।

समाज बदल रहा है!

धीरे-धीरे समाज बदल रहा है
जी गुरु जी!

गुरु जी आसन ग्रहण करते हुए....

क्या बात है रमेश ने प्रेम विवाह कर लिया?
समाज क्या कहेगा!
मैं चुप।

अब तो लोग अंतर्जातीय विवाह को बढ़ावा देने लगे हैं
जी गुरु जी!

गुरु जी भेली उठाते हुए...

क्या बात है सुना है यादव जी का चक्कर
किसी ग़ैर बिरादरी वाली से चल रहा है?
समाज क्या कहेगा!
मैं चुप।

अब लोग दलितों को भी हमारी तरह इज़्ज़त देने लगे हैं
जी गुरु जी!

गुरु जी लोटा उठाते हुए...

क्या बात है आपने रामसेवक को अपनी थाली में ही खिला दिया?
समाज क्या कहेगा!
मैं चुप।

अब लोग कूप मण्डूक नहीं रहे
सब राहुल सांस्कृत्यायन की तरह होते जा रहे हैं
जी गुरु जी!

गुरु जी पानी पीते हुए...

क्या बात है आपका बेटा मलिन बस्तियों में जाने लगा है
समाज क्या कहेगा!
मैं चुप।

अब लोग किसी भी प्रकार का भेदभाव नहीं करते
जी गुरु जी!

गुरु जी काजू खाते हुए..

क्या बात है आज कल बुद्धूराम की छोरी भी
ट्यूशन जाने लगी है?
समाज क्या कहेगा!
मैं चुप।

अब संस्कार की आड़ में
स्त्रियों को दबाया नहीं जाता

जी गुरु जी!

गुरु जी मेरी बहू को घूरते हुए..

क्या बात है आज आपकी बहू
बिना घूँघट काढ़े चौकड़ी भर रही है?
समाज क्या कहेगा!
मैं चुप।

अब लोग वृद्धाश्रम में अपनी माँ से
मिलने भी जाने लगे हैं
जी गुरु जी!

गुरु जी खीर पूरी खाते हुए...

क्या बात है अबकी नवरातर जगराते में नहीं दिखे?
समाज क्या कहेगा!
मैं चुप!

दक्षिणा लाओ बच्चा! अब मैं चलता हूँ
मैंने कहा- लोग हाड़-तोड़ मेहनत करके रोटी कमा रहे हैं
जी बच्चा!
फिर क्या बात है आप बिना मेहनत के खाये जा रहे हैं?
समाज क्या कहेगा!
गुरु जी चुप।

हम गमले के पौधे नहीं

हम तुम्हारे बालकनी के गमले के पौधे नहीं
हम तुम्हारे स्वीमिंग पूल के छोटे से हौदे नहीं।

हम वो वृक्ष, नदियाँ हैं, जो बढ़ते आए मर्ज़ी से
तुम्हारे जैसा कर आए हम ज़मीर के सौदे नहीं।

हमने गाँव छोड़ा तुम्हें आत्मनिर्भर बनाने के लिए
तुमने छोड़ा हमारे ख़ातिर, कोई भी घरौंदे नहीं।

जो कहते ख़ून हो, है वो पानी नहीं तो और क्या?
रगों में हौसलों की बिजली अगर कौंधे नहीं।

मौत के मुँह से, जीवन को खींच लाये हम
और एक तुम हो, किस मोड़ पे हमें रौंदे नहीं।

हम नाप लेंगे नंगे पैरों से तुम्हारे मिल के पत्थर
होते तो दिल बड़े हैं, बड़े कोई ओहदे नहीं।

तुमने काट खाया हथेली को भी अँगूठे के साथ
हमने पूरा दिया हमारे हाथ में भी होते सरौते नहीं।

तुम्हारे फूलों की बारिश से जिगर छलनी हुए हैं
बंद करो भाषण, अब और कोई मसौदे नहीं।

हक़मारी

दूध हमारा, भैंस हमारी
पर बिल्ली करेगी पहरेदारी।

हिरणों के संरक्षण हेतु
नियुक्त हुए ख़ूँख़ार शिकारी।

भेड़ों के बाड़ों की देखो
अब भेड़िये करेंगे रखवाली।

पैसे कैसे सलामत हों
यह पाठ पढ़ाएँगे जुआरी।

बैठ पेड़ की छाया में
दोस्ती के हाथ बढ़ाएगी आरी।

मालिक से मस्त हो बकरा गर
समझो कटने की हो गई तैयारी।

ग़ुलामी का आभास नहीं
और लदी हो गहनों से नारी।

कितने गूंगे ये सोच के हो गए
कि बोलेंगे! जब आएगी मेरी बारी।

जब समाज ही कछुआ जैसा हो
फिर कौन कहे हुई हक़मारी।

तुम चाहे साथ रहो न रहो
हम तो खेलेंगे अपनी पारी।

हम तब भी अन्न उगाते हैं

हम अब भी अन्न उगाते हैं
वे अब भी अंग चबाते हैं
हैं गज़ब के भूखे लोग यहाँ
मेरा टूटा हल भी खाते हैं
हम तब भी अन्न उगाते हैं।

खेत खा गए, मेड़ खा गए
बच्चे, जवान, अधेड़ खा गए
कागज पर बस देश बनाकर
चुपके चुपके रेत खा गए,
मेरी सारी मेहनत के ऊपर
वे मोथे बन उग आते हैं
हम तब भी अन्न उगाते हैं।

वे तौल के आते सोने में
हम कबाड़ के माफ़िक़ कोने में
शीशमहल ने काट ही डाले
जिसे उम्र लगी थी बोने में
खेतों के दाने भी मेरे
वे चिड़ियाँ बन चुग आते हैं
हम तब भी अन्न उगाते हैं।

हम गेंहूँ वाले जाँते हैं
अपनी मेहनत की खाते हैं
वे केक काटकर खाने वाले
अब देश काट कर खाते हैं
वे मेरी ही रोटी खाकर
मेरा ही पेट दुखाते हैं
हम तब भी अन्न उगाते हैं।

हम तब भी अन्न उगाते हैं...

घुटन

हमें ज़मीन चाहिए,
सारा आसमान तुम रख लो।

हमें संविधान चाहिए,
गीता क़ुरआन तुम रख लो।

हमें रोटी चाहिए
अध्यात्म का ज्ञान तुम रख लो।

हमें रोज़गार चाहिए
व्रत और ध्यान तुम रख लो।

हमें विचार चाहिए
ये मूर्ति बेजान तुम रख लो।

हमें क़लम चाहिए
ये तीर कमान तुम रख लो।

हमें सम्मान चाहिए
ये क्रूर भगवान तुम रख लो।

हमें इंसान चाहिए
ये जाति का भान तुम रख लो।

हमें आज़ादी चाहिए
अपनी संस्कृति महान तुम रख लो।

बायाँ हाथ

दायें हाथ का बना चित्र ललित हो गया
बायें हाथ का बना चित्र दलित हो गया।

कोई अंतर न था, थे दोनों ही चित्र समान
बायें हाथ के साथ ही कुछ गणित हो गया।

एक हाथ को पवित्रता का अमर धागा मिला
एक उपेक्षित सदा, पोलियो ग्रसित हो गया।

जड़ दोनों की एक, बस झूल-झूलकर
एक सुखाया गया, एक हरित हो गया।

स्वाद पानी का रहेगा जब सदा एक ही
दायें हाथ का छुआ कैसे अमृत हो गया?

कौन भरता रहा इनकी नसों में मॉर्फिन
एक दुःखी, एक संवेदना रहित हो गया।

बीमारी

गर मिर्गी आए छुअन से, तो जूता सुंघाने की बारी है,
उनकी ऐंठन में मिलती, वही पुरखों की बीमारी है।

ज़रा सावधान शाखाओं! हवाओं में ख़बर है ये
पेड़ की छाँव से करती, प्यार की बात आरी है।

जो बैठे लूट ले सबको, तौबा! बा-कमाल होता है,
करतब बंदर सा भी नहीं, तभी तो वो मदारी है।

नाम तो हल्का है मेरा, करूँ सरनेम का मैं क्या?
उठाऊँ कैसे मैं इसे, ये बचपन से ही भारी है।

पैमाने वही हैं, हम नहीं हैं अब भी इंसानी कॉलम में,
धर्मादेश की तामील में, मुसलसल ज़ुल्म जारी है।

बगुले फेंक कर अब वे मछली फँसाते हैं,
नए दांव हैं अब के, बड़ी नक्की मक्कारी है।

जाति का रस्सा

वो जाति का रस्सा कसता है
सूली पर चढ़ा कर रखता है।

मैं बागी होना चाहता हूँ
वो व्यवस्था बनाकर रखता है।

मैं विष पीता हूँ ख़ुशी ख़ुशी
वो शहद चटाकर रखता है।

मरघट तक खाने को मुझको
वो नज़र चील की रखता है।

गर्दन की नाप लेने को
वो हाथ मिलाकर रखता है।

हम हथियार कहीं न बन जाएँ
वो हमें गला कर रखता है।

हम काले चिट्टे हैं उसके
वो हमें जला कर रखता है।

हम उसके दंभ के पान हैं
वो मुँह में दबा कर रखता है।

इस तरह हम भेड़ों के लिए
वो व्यवस्था बना कर रखता है।

जोड़ियाँ

जोड़ियाँ ऊपर से बन कर आती हैं
और ऊपर वाला 'धर्म के ठेकेदारों' से।

घोड़ियाँ मारी जाती हैं धूप से
और चढ़ने वाला, मनुवादियों के बूट से।

जब बात उठती है सरनेम की
डोरियाँ टूट जाती हैं प्रेम की

क्योंकि..
जोड़ियाँ ऊपर से बनकर आती हैं
और ऊपर वाला 'धर्म के ठेकेदारों' से।

कल का क़त्ल

एक तो ग़ुलामी, तिस पर भी ब्याज बन गया
मैं जुटाता रहा तिनका, उसका ताज बन गया।

मैं घिसा गया सदा, उसके मनोरथ की ख़ातिर
मैं उसके हाथों का जैसे कोई चिराग़ बन गया।

हमने ही उसे बादशाहत सौंप रखी है मेरे यार
हर बात पे जी हुज़ूरी का, जो रिवाज़ बन गया।

ये चमकते मंचों पर चेहरे कहाँ बेदाग़ होते हैं
कुछ की खुल गई परतें, कुछ का राज बन गया।

यहाँ इंसान की पहचान तो बस जाति से होती है
पूछता क्यों है मेरा नाम, इतना अंदाज़ बन गया।

अब कोई ये न कहे कि मैंने मेहनत ज़रा न की
मेरे कल का क़त्ल कर, उसका आज बन गया।

जाति है कि जाती नहीं

जाति है कि जाती नहीं, शर्म है कि आती नहीं
है दिये में तेल भी, पर एक भी बाती नहीं।
जाति है कि जाती नहीं....

है पड़ा वो भूमि लथपथ, जिंदा अभी है मारो झटपट
भीड़ तो आती है साथ, पर आदमी एक लाती नहीं।
जाति है कि जाती नहीं...

पूछो इन वादियों से, इन पुरानी घाटियों से
कर्मनाशा के मिलन से, गंगा मर जाती नहीं।
जाति है कि जाती नहीं...

किस बात का दंभ है तुम्हें, ये जाति क्या देगी तुम्हें?
तुम मंदिरों की दीवार उठाना, घर में भले टाटी नहीं।
जाति है कि जाती नहीं...

बँटे हों जहाँ शमशान तक, ज़मीन-ओ-आसमान तक
जहाँ घड़े कुढ़ रहे घड़ों से, वो एक देश की माटी नहीं।
जाति है कि जाती नहीं...

जाति बोने वालों का, बीज मंत्र तो यही रहा
कि साँप गुड़ खाकर मरे और टूटे मेरी लाठी नहीं।
जाति है कि जाती नहीं...

मत कहो कि मन साफ़ है, समय के पास माप है
धर्म जाति की ये अफ़ीम, किसने यहाँ चाटी नहीं?
जाति है कि जाती नहीं...

एक तरफ़ है धर्म पताका, एक तरफ़ है जाति गाथा
इस तरह की दोगली गाड़ी, हमसे खींची जाती नहीं।
जाति है कि जाती नहीं।

इंसान बनो रे

कभी तो मोहब्बत के पैग़ाम बनो रे!
जाति देखने वालों, कभी इंसान बनो रे!

चले हर कोई यहाँ, सच के ही रस्ते
भर जाएँ पेट सभी के, यूँ हँसते-हँसते
थक जाएँ इंसान जहाँ, अनाज भरते-भरते
हरित खेत के लहलहाते, वो धान बनो रे!

जाति देखने वालों, कभी इंसान बनो रे!

बढ़ आए हाथ, जब कोई न संगी
तोपों में जंग लगे, हो ना कोई जंगी
प्यार के दो बोल मीठे, होठ जाए रंगी
जम जाए तलवार, ऐसी म्यान बनो रे!

जाति देखने वालों, कभी इंसान बनो रे!

छू ना सके गर कोई, फिर क्या है हीरा
चाहे गुम्बद में हो काँचों से घिरा
इज़्ज़त है उसकी जस ऊँट के मुँह में जीरा
रख ले हर कोई, इतना आसान बनो रे!

जाति देखने वालों, कभी इंसान बनो रे!

लोकतंत्र के शिकारी

क़लम और किताबों पर, बंदूकों का पहरा है
दंगों में घोड़े नाच रहे, गदहों के सिर पर सेहरा है।

शिकारी अबकी बार सुनेंगे, हिरणों की फ़रियाद को
सुनने में आया है देश का, न्यायपालक बहरा है।

घर घर में खड्ग है खनका, कौन भरेगा खाई मन की
धर्मों का ये ख़ूनी इतिहास, बड़े समय से गहरा है।

ख़ुद देख लो आँख उठाकर, अपनी धोती ज़रा बचाकर
इस दौर के आब-ओ-हवा में, किसका झंडा फहरा है।

धर्मों के इस खेल में, राजनीति तो एक मोहरा है
गौर से देखना यहाँ, चेहरे के पीछे चेहरा है।

शुक्र मनाओ कि सड़कों पर, भगत, भीम, इंकलाब हैं
लोकतंत्र अब तक देश में, इन्हीं मूल्यों पर ठहरा है।

तुम सभ्य हो गए

पहन पोशाक तुम सभ्य हो गए
मैं कुतरे बाल भेड़ सी नंगी,
अन्न उपजाऊँ ख़ुद की छाती
पर कृषक सी रही भिखमंगी।

हे मानव!
तुम सभ्य हो गए?

उपवन सारे तहस-नहस कर
तुम हुए कथित बजरंगी,
मैं बोधिवृक्ष सी शीतल शांत
तुम जस जहाज एक जंगी।

हे मानव!
तुम सभ्य हो गए?

रक्षक सारे नक्सल घोषित
सरकारें बनीं फिरंगी
केक समझ कर खा रहे मुझको
पूंजीपतियों के संगी।

हे मानव!
तुम सभ्य हो गए?

वृक्ष ही मेरे केश हरिले
करती हवाएँ हैं कंघी,
मेरी नसें नदियाँ हैं सारी
जिन पर डाल आए पगडंडी।

हे मानव!
तुम सभ्य हो गए?

कब तक बजूँ तार टूट रहे
कब तक दिखूँ मैं चंगी,
जिन हाथों ने रेती थामी
बनी उन्हीं हाथों की सारंगी।

हे मानव!
तुम सभ्य हो गए?

घर बनाना है

पत्थरों को पास रख देवता गढ़ाना है?
यार मुझ पर ईंट फेंक, घर बनाना है।

चांद को निहार कर भूख मिटाना है?
यार मुझ पर सूरज फेंक, चूल्हा जलाना है।

बेच कर ज़मीर पायदान सजाना है?
यार मुझ पर हथौड़ा फेंक, तकिया बनाना है।

पुरस्कार देकर पालतू बनाना है?
यार मुझ पर स्याही फेंक, क़लम चलाना है।

कमज़ोर है जो ख़ुद, उस राजा को बचाना है?
यार मुझ पर दाव फेंक, घोड़ा बढ़ाना है।

करके मेरी बात महफ़िल जमाना है?
यार मुझ पर मिट्टी फेंक, बुनियाद उठाना है।

ये दवा-दारू, झाड़-फूँक, कितनों को कराना है?
यार मुझ पर ज़हर फेंक, तेरा साँप मिटाना है।

गंगा जल

लाओ तुम्हारे गंगा जल को छूकर
अपवित्र कर दूँ

तुमने ही तो बख़्शी हैं शक्तियाँ
मज़बूत और टिकाऊ
गंगा से कहीं ज्यादा कड़क
छू लूँ तो गंगा भी गंगा नहाए
और तुम्हारे दैविक मंत्र भी
उसके काम न आएँ

जैसे नहीं आए काम अब तक
हमारे...

निर्मोही साधु

हमें न दो धन वैभव
ये साधु की काया है,
चाँदी के पीकदान में थूक कर
वो बोला- "सब मोह-माया है।"

मछली की तलाश नहीं
ना कोई पकड़कर लाया है,
कटिया कहाँ? कमंडल में जहाँ
पूरा तालाब ही समाया है।

हड्डियाँ बनी थून हैं
ऊपर चर्म की छाया है,
बिछ जाते हैं भक्त यहाँ
पायदान सिरों को बनाया है।

सुनते हैं तपस्वी है वो
ख़ुद को खूब तपाया है,
महल का सुख भोग सके
इस नियत से मंडवा जलाया है।

पंचवर्षीय अकाल

पाँच वर्षों के समयकाल में
हमारे अधिकार
अकाल की चपेट में लाए जाते हैं
और फिर बाँटे जाते हैं
राहत सामग्री के रूप में
पाँच किलो राशन।

चुनाव का दौर तो
महज संधि काल होता है
जहाँ बर्बर शेर भी
मेमने के साथ होता है

भेड़िये प्रचारक की भूमिका में होते हैं
शेर को शाकाहारी सिद्ध करा देते हैं
गिद्ध भी समर्थन करते हैं
और गिद्धों को शेर के समर्थन की एवज़ में मिलता है
पंचवर्षीय अकाल का जश्न।

शेर, गिद्ध और भेड़िये
संधि काल के बाद
फिर वही अकाल लाते हैं
और मिल बाँट कर खाते हैं
अब मेमना उनकी थाल में होता है
भेड़िया, शेर के साथ मेमने की खाल में होता है।

जाँगर चोरई सुख

बाबा ने अपने वस्त्र त्यागे
पर किसके लिए?
आओ बताऊँ!
मलमल की गद्दी के लिए
सोने की चड्डी के लिए।

बाबा ने अपने गृह त्यागे
पर किसके लिए?
आओ बताऊँ!
राजमहली भूख के लिए
जाँगर चोरई सुख के लिए।

बाबा के ये जनेऊ धागे
पर किसके लिए?
आओ बताऊँ!
बहुजन की गर्दन के लिए
कुटिल बुद्धि, मन के लिए।

बाबा के बड़के ज्ञान जागे
पर किसके लिए?
आओ बताऊँ!
गौमूत्र और झउवा भर गोबर के लिए
तथाकथित ईश्वर पर इक मोहर के लिए।

बाबा आख़िर तर्क से भागे
पर किसके लिए?
आओ बताऊँ!
धर्म की रक्षा और भलाई के लिए
आगे भी खा सकें उस मलाई ले लिए।

कुर्ते की नाप

निज़ाम उधर मस्त है
अवाम इधर पस्त है,
विकास बेटे को पेचिश
उल्टी और दस्त है।

सम्मान में नहीं खड़ी
मंचों के नीचे भीड़,
युवा बेरोज़गार-बेबस
लगा रहा गश्त है।

मिलेगा इस बार भी
आश्वासन इक नया,
सरकार तो बस यही
देने में अभ्यस्त है।

अब के नेता का क़द
पाजामे सा हो गया,
जो कुर्ते की नाप बस
देने में व्यस्त है।

छिपकली की पूँछ सा
बढ़ न आए अंगूठा,
इस डर से अबके द्रोण ने
माँगा पूरा हस्त है।

तोड़ूँगा पूरी बुनियाद
महलों का ग़ुरूर भी,
शोषण की निर्बाध व्यवस्था
करनी आज ध्वस्त है।

समीक्षा

हमारे कर्म का खाते रहे वो
खा गए हमारी शिक्षा भी
बड़े महीन गीता में लिख गए
कि फल की रखो न इच्छा भी।

संविधान की आँखों से देखा
खुल गया उनका चिट्ठा भी
धर्मग्रंथों में न्याय नहीं कहीं
की हमने बैठ समीक्षा भी।

राज उन्हीं का साज उन्हीं का
हो राजा कोई पर ताज उन्हीं का
खेत, मेड़ सब पेड़ उन्हीं के
पर उन्हें चाहिए भिक्षा भी।

अबके द्रोण ज़रा लिबरल हैं
सबको ही शामिल करते हैं
बस पहले काट लेते हैं अंगूठा
फिर लेते हैं परीक्षा भी।

नहीं आया कोई देवलोक से
हमें बचाने भूदेवों से
चील नोच कर खा गए आँखें
और उनमें बची प्रतिक्षा भी।

हिंदू राष्ट्र

नाम गौण जहाँ, पहले कास्ट
गाली है वहाँ, हिंदू राष्ट्र।

जिस पर एक साथ बैठ सकें
मिली नहीं ऐसी, एक भी खाट।

बँटे हैं जनम से, करम यहाँ
बँटे हैं यहाँ, श्मशान घाट।

जेब हमारी जितनी सिकुड़ी
उनका फैला, उतना हाट।

कुछ दिन शहद चटाएँगे
फिर कहेंगे अब चूरन चाट।

उनकी पहचान एक जनेऊ
हमारी चमार, कुर्मी और जाट।

हम लड़ते रहे, बिल्लों जैसे
वे करते आए, बंदरबाँट।

बड़ी कॉस्टली है ये कास्ट
क्या मुफ़्त का होगा हिंदू राष्ट्र?

हिन्दू वाली फ़ाइल्स

हिन्दू वाली फ़ाइल्स में
परिशिष्ट सा नथा हूँ,
मैं जाति वाला चैप्टर हूँ
उपेक्षित घृणित कथा हूँ।

हूँ पढ़ने में नीरस मैं,
कुछ लोगों के लिए अछूत,
बोर्ड के प्रश्नपत्रों में जैसे
'अथवा' करके रखा हूँ।

मैं हिन्दू वाली फ़ाइल्स में
परिशिष्ट सा नथा हूँ।

मैं सिमटा हुआ सा अक्षर हूँ
कबिरा सा निरक्षर हूँ
'सर्वजन हिताय' के दीप तले
बहुजन वाली व्यथा हूँ।

मैं हिन्दू वाली फ़ाइल्स में
परिशिष्ट सा नथा हूँ।

चमार, खटिक, भंगी, लुहार
अहीर, गड़रिया, बिंद, सुनार
न पूछो इस फ़ाइल में कितने
कॉमा दे-दे बँटा हूँ।

मैं हिन्दू वाली फ़ाइल्स में
परिशिष्ट सा नथा हूँ।

कितनी हवा और कितना जल
आज कितना और कितना कल,
प्रश्नवाचक चिन्ह साथ लिए
सिर्फ प्रश्नों को रटा हूँ।

मैं हिन्दू वाली फ़ाइल्स में
परिशिष्ट सा नथा हूँ।

मैं हूँ भैंस, वे हैं लाठी
कैसे भागूँ, बंधा हूँ काठी
उनकी मलाई की ख़ातिर
मैं दही सा मथा हूँ।

मैं हिन्दू वाली फ़ाइल्स में
परिशिष्ट सा नथा हूँ।

वे सट के हो गये जिल्द समान
हम अलग होकर हुए तमाम,
अवसर की खींचा-तानी में
मैं ही अंत में फटा हूँ।

मैं हिन्दू वाली फ़ाइल्स में
परिशिष्ट सा नथा हूँ।

सम्पादक भी उसी वर्ग का
सम्पादन का ढंग उसी का
वे पूरी मात्रा से अशुद्ध
मैं नुक़्ता देख कटा हूँ।

मैं हिन्दू वाली फ़ाइल्स में
परिशिष्ट सा नथा हूँ।

साफ़-सुथरा बर्दाश्त नहीं
उनको आता रास नहीं
मर कर ही मैं इस फ़ाइल से
पूरी तरह कटा हूँ।

मैं हिन्दू वाली फ़ाइल्स में
परिशिष्ट सा नथा हूँ।

छिछले प्रश्न गहरे उत्तर

कौन जात हो भाई?
"दलित हैं साब!"
नहीं मतलब किसमें आते हो?
आपकी गाली में आते हैं
गन्दी नाली में आते हैं
और अलग की हुई थाली में आते हैं साब!
मुझे लगा हिन्दू में आते हो!
आता हूँ न साब! पर आपके चुनाव में।

क्या खाते हो भाई?
"जो एक दलित खाता है साब!"
नहीं मतलब क्या क्या खाते हो?
आपसे मार खाता हूँ
कर्ज़ का भार खाता हूँ
और तंगी में नून तो कभी अचार खाता हूँ साब!
नहीं मुझे लगा कि मुर्ग़ा खाते हो!
खाता हूँ न साब! पर आपके चुनाव में।

क्या पीते हो भाई?
"जो एक दलित पीता है साब!
नहीं मतलब क्या क्या पीते हो?
छुआ-छूत का गम
टूटे अरमानों का दम

और नंगी आँखों से देखा गया सारा भरम साब!
मुझे लगा शराब पीते हो!
पीता हूँ न साब! पर आपके चुनाव में।

क्या मिला है भाई?
"जो दलितों को मिलता है साब!
नहीं मतलब क्या क्या मिला है?
ज़िल्लत भरी जिंदगी
आपकी छोड़ी हुई गंदगी
और तिस पर भी आप जैसे
परजीवियों की बंदगी साब!
मुझे लगा वादे मिले हैं!
मिलते हैं न साब! पर आपके चुनाव में।

क्या किया है भाई?
"जो दलित करता है साब!
नहीं मतलब क्या क्या किया है?
सौ दिन तालाब में काम किया
पसीने से तर सुबह को शाम किया
और आते जाते ठाकुरों को सलाम किया साब!
मुझे लगा कोई बड़ा काम किया!
किया है न साब! आपके चुनाव का प्रचार..।

अंकुरित होते बीज

अपने अंकुरित होने का अधिकार
उस धूप को इतना ही देना बीज!
कि ले सको एक पूर्ण वृक्ष का रूप
और फल सको अनगिनत बीज
न कि भून दिए जाओ उन दानों की तरह
कि जीवन में जीवन नहीं, महज़ राख़ बचे।

अपने अंकुरित होने का अधिकार
उस हवा को इतना ही देना बीज!
कि बन सके वो तुम्हारी साँसें
जिससे बन सको तुम भी किसी की साँसें
न कि उड़ा ले जाए वो
तुम्हारे संपूर्ण अस्तित्व को
और छोड़ आए तुम्हें रेत के फैले अंतहीन सागर में।

अपने अंकुरित होने का अधिकार
उस मिट्टी को इतना ही देना बीज!
कि वो बाँधे रखे तुम्हारी जड़ों को
और मजबूती दे एक पिता की तरह
न कि उखाड़ फेंके अपने गर्वित वक्ष से
जैसे फेंक दी जाती हैं हर रोज
अनचाहे गर्भ में ठहरी बच्चियाँ।

अपने अंकुरित होने का अधिकार
उस जल को इतना ही देना बीज!
कि तुम बने रह सको नम्य, सरल, सौम्य ताउम्र
कि ठहर सके राहगीर कोई
कि जिसकी पूरी हो एक गज शीतल छांव की तलाश
न कि बहा ले जाए बाढ़ में
न कि गला दे जलाक्रांत कर
जैसे बह जाती है हर साल उम्मीद
आँख से दरिया बनकर
जैसे गल जाते हैं मज़दूर
कारख़ानों में सरिया बन कर।

इंकलाब तो लाओ

एक इंकलाब तो लाओ! ये मुर्दे क्या करेंगे
जो केंचुल से डर गए हों, वो भुजंग से क्या लड़ेंगे

क़ब्र साथ में रखते हैं सब, जब चाहे सोते हैं
जहाँ ज़मीर ही मर गए हों, वहाँ और क्या मरेंगे

हो जिस्म भी गिरवी, साँसें भी जिनकी गिरवी
टुकड़ों पर पलने वाले, वे माँग ही क्या करेंगे

मंदिर में सोने की माला, मज़ार पर मलमल दुसाला
ख़ुद चद्दर के मोहताज हैं जो, वे कल्याण क्या करेंगे

कर्म के हथौड़े से, जो ढालते आएँ ख़ुद को ही
वो इतिहास लिखने वाले, इतिहास क्या पढ़ेंगे

बिस्तर पर पड़े सपने, जो आँखों में बस भरेंगे
वे पाँवों में मेहंदी वाले, मंज़िल का क्या करेंगे?

एक इंकलाब तो लाओ! ये मुर्दे क्या करेंगे?

उम्मीद की आँच

उम्मीद की आँच पर
किसान रोटी सेंक रहे हैं
अपनी हड्डियाँ जलाकर,
हम रोटी पर लार बहाकर चले आए
उम्मीद की आँच बुझाकर,
रोटी कच्ची रह गयी
और सब भूखे रह गए

जिसने भूख का दंश कभी नहीं झेला
वो मर गए
मरने वालों में अमूमन लार बहाने वाले ही थे,
उम्मीद की आँच वाले किसान
अपनी आँत पचाकर अभी भी ज़िंदा हैं
कर रहे हैं फिर से इकट्ठा, अपनी सूखी हड्डियों को
फिर से जलाने के लिए
रोटी पकाने के लिए
आँत बचाने के लिए।
अब फिर मौक़ा मिला है हमें
कि हम लार बहायें
या मिलकर उम्मीद की आँच बढ़ायें।

एक योजना ऐसी हो !

एक योजना ऐसी हो रोटी के जितनी सच्ची हो
नंगे बदन हो लाख मगर, माँ के आँचल बच्ची हो।

हो बात की क़ीमत उतनी बड़ी, सोने के सिक्के जितनी खरी
रंगरेज भले तू दाग लगा, पर छाप तो उसकी पक्की हो।

एक योजना ऐसी हो रोटी के जितनी सच्ची हो।

घन-घटा, पानी हटा, खाद-रसद, क्या-क्या न कटा
और उस पर उम्मीद कृषक से, फसल तेरी अच्छी हो।

एक योजना ऐसी हो रोटी के जितनी सच्ची हो।

अपने ही मुल्क की आब-ओ-हवा में, बारूद छोड़ दिए हमने
एक को उड़ने की आज़ादी, एक पिंजरे का पंछी हो।

एक योजना ऐसी हो रोटी के जितनी सच्ची हो।

जठराग्नि मेंढक तक खाए, हाय री जाति तेरी ये भरपाई
अपने ही चमड़े जो खाकर जिये, उन्हें कौन कहे नरभक्षी हो।

एक योजना ऐसी हो रोटी के जितनी सच्ची हो।

कब तक?

ज़ुल्म की ढलेगी शाम कब तक
ये जातिसूचक नाम कब तक?

समाज का ये बज़ारूपन
लेगा इज़्ज़त के दाम कब तक?

बच्चे से बूढ़े तक सहमे
वासना का ये काम कब तक?

तेज़ाबी जिस्म कराहता रहा
दर्द का ये जाम कब तक?

सरेआम आग में लिपटे रहे हैं
सुरक्षा का इन्तज़ाम कब तक?

गो हत्या के नाम पर
पिटेगा आदमी आम कब तक?

सीता, शंबूक से अन्याय कर
बचेगा तेरा राम कब तक?

आने वाली पीढ़ी सहेगी
चुप रहने का अंजाम कब तक?

अपनी नज़र तो सही रख
वस्त्रों पर इल्ज़ाम कब तक?

गोडसे की बंदूक के नाम
गांधी का इनाम कब तक?

बुद्ध का दर्शन, हृदय परिवर्तन
करेगा अंगुलिमाल कब तक?

लड़ो साथियो इन मुद्दों पर
हो न जीवन का अवसान जब तक।

कौन है शिक्षक?

शिक्षक है मेरी माँ के हाथों की बेची गई वो लकड़ी
गिरवी रखी बाप की गर्दन, वो पाँव के नीचे पगड़ी।

शिक्षक हैं ज़मीनों के टुकड़े, जो बिकते दर-ब-दर
तंग हाथ की क़लम स्याही, नरकट की वो लकड़ी।

शिक्षक है खेतों की शुष्क भूमि की उड़ती हुई धूल
और किसान के ख़ून पसीने से उपजी हुई वो ककड़ी।

शिक्षक है उपवन की वो, गाती हुई कोयल की कूक
गिरकर उठकर घर को बुनती, कई बार फिसलती मकड़ी।

शिक्षक है बत्तख की चाल, पानी में पैरों की मार
धूप जले रिक्शे की गति, ईंटों से लदी वो पगड़ी।

शिक्षक है दशरथ माँझी के चट्टान के जैसे इरादे
कितने भी हालात कठिन हों, टूटेगा पत्थर बन पपड़ी।

शिक्षक है इस दम्भी समाज के, कटु अनुभव का ज्ञान
वो पानी की तीव्र लालसा और छूनी नहीं है गगरी।

शिक्षक है इस सृष्टि के सारे, जड़ से लेकर चेतन
न केवल इकलौते वे, जिन हाथों ने चाक है पकड़ी।

चुम्बन की एक मुहर

होठों पर तबस्सुम रहे, गर दिल में रहे प्यार बस
दुश्मनों की गोलियाँ, ख़ुद थक कर कहें कि यार बस।

किसने कहा था चाय में कोई नशा होता नहीं?
जब भी बैठा साथ में, ऐसा चढ़ा कि यार बस।

लड़ना है तो समाज की दोगली बंदिशों से लड़ो
मेरा यार फिर ऐसा लड़ा, ऐसा लड़ा कि यार बस।

एक रोज यूँ ही टोका, ज़रा सजधज के रहा करो
मेरा यार फिर ऐसा सजा, ऐसा सजा कि यार बस।

कोई और सूरत अब हमें, बेशक नज़र आती नहीं
एक ही मन में गड़ा, और ऐसा गड़ा कि यार बस।

अब एक ही तमन्ना रही, इस हिज्र में गमखार मेरे
आग़ोश में सिर रखा हो, आ जाये क़ज़ा यार बस।

कि सियासी जंग की दीवार पर लग जाये नोना
हमने चुम्बन की इक मुहर, ऐसी जड़ी कि यार बस।

जो मरे सड़क पर

जो मरे सड़क पर आम थे, जब तक ज़िंदा थे बदनाम थे
फिर किसके ख़ातिर देश बनाया? बड़े बेहूदे काम थे।
जो मरे सड़क पर आम थे!

लड़ के मरे या मर के लड़े, किसी को कोई फ़र्क़ नहीं
भूल गये सत्ताधारी कि तुम भी कभी इंसान थे।
जो मरे सड़क पर आम थे!

इतिहास लिखेगा मुख पर तेरे, ख़ून से लिपटे कालिख़ से
कि जाति वर्ण के हिसाब से, लाशों के भी गिरते दाम थे।
जो मरे सड़क पर आम थे!

साहिल से दूर, थक के चूर, बस सपनों में नाव थे
लौट रहे थे पैदल गाँव, जो शहरों में बेनाम थे।
जो मरे सड़क पर आम थे!

रगों में आँसू, आँख से ख़ून, टपके भागे फिरते हैं
अबकी बारी हमारी है, पुरखे तो पुराने ग़ुलाम थे।
जो मरे सड़क पर आम थे!

जो कर आए हों देशाटन, विदेशों में जिनके काम हों
हमारे वोट, हमीं को चोट, क्या केवल वही आवाम थे?
जो मरे सड़क पर आम थे!

हमने भी तो सोते-सोते, सपने क्या-क्या बुन डाले
सत्ता ने भी नींद में आ के, वादे किये तमाम थे।
जो मरे सड़क पर आम थे!

तुम्हारी पीड़ा बरसाती कीड़ा, हमारी तो सदाबहार है
हम तो केवट वन के ठहरे, तुम सत्ताधारी राम थे।
जो मरे सड़क पर आम थे!

दिशाहीन

अमीर घर का कौवा भी देखो मोर लगा
ग़रीब घर का बच्चा सबको चोर लगा।

मुर्ग़ा, मछली, बकरी, बत्तख़ सब मुआफ़
एक गौकस का ही पाप क्यूँ घनघोर लगा?

दोगली बातें छिप कर ही देश में होती हैं बच्चा?
या समाज में खुलकर इनका शोर लगा।

इस दौर का हर इंसान इतना भूखा क्यूँ?
मुझको तो हर शख़्स ही आदम-ख़ोर लगा।

कर दीवार के पीछे नंगे भूखों को
फिर बैनरों का शहर में होड़ लगा।

आओ बैठो विक्षिप्त जन! यह कह कर
दिशाहीन वो जहाज, भक्तों की ओर लगा।

पिंजरे का सुगना

जितना देख पाए, तुम्हारे लिए उतना था मैं
तुम्हारी नज़रों की चौखट पर सिर्फ़ घुटना था मैं।

जिसे कंकड़ समझ कर कूड़े में डालते आए तुम
तुम्हारे सपनों में, वही तारों का टूटना था मैं।

हुए पाषाण से जाते हैं, जो वीराने में
उस पत्थर दिल पर, दूब का उगना था मैं।

भरे दरबार में जिसकी इज़्ज़त नीलाम होती रही
तुम्हारे ताज की ख़ातिर, उस सिर का झुकना था मैं।

तुम्हारे साथ दौड़ता हूँ, लिये तक़दीर हाथों में
तुम्हारी छोड़ी हुई थाली का, कभी जुठना था मैं।

जाते-जाते ही जायेगी, ज़ुबाँ की राम रटन
तुम्हारे सोने के पिंजरे का, कभी सुगना था मैं।

सुना है ऑर्केस्ट्रा वाले उठा ले गए उन्हें?
जिनके हाथों का बजता हुआ, झुनझुना था मैं।

प्यार का लंगर

आओ लगाएँ एक प्यार का लंगर
बैठ कर खाएँ सब जिसके अंदर
पहुँचे उन तक पानी हन-हन
था अंतिम पात जो सदियों से बंजर

आओ लगाएँ एक प्यार का लंगर...

हो जले जाति जहाँ लकड़ी सी
धर्म कटे जहाँ ककड़ी सी
जहाँ मन की गाँठ को काटे खंजर

आओ लगाएँ एक प्यार का लंगर...

कर्मनाशा को, कब तक हार मिले?
अब तो सेवा को उचित सम्मान मिले
जब नदी पुकारे, तो भाग आए समंदर

आओ लगाएँ एक प्यार का लंगर।...

इतना मिले कि लौट आए साँस
इतना मिले कि उग आए माँस
और छिप जाएँ सभी के अस्थि-पंजर

आओ लगाएँ एक प्यार का लंगर...

हो बोल मीठे तो बात बने
सब के लिए एक ही खाट बने
समझो मुस्कुरा गए बुद्ध
और बदल गया मंज़र

आओ लगाएँ एक प्यार का लंगर...

सब नहीं मरे थे महामारी से

जब दुनिया लड़ रही थी महामारी से
सब नहीं लड़े थे इकतरफ़ा
कुछ लड़ रहे थे भूख से
कुछ लड़ रहे थे अपने हिस्से में ज़बरन डाले गए दुःख से

जब दुनिया भयभीत थी महामारी से
सब भयभीत नहीं थे इकतरफ़ा
कुछ भयभीत थे क्रूर निज़ाम से
कुछ भयभीत थे अपने छूटे हुए इकलौते काम से

जब दुनिया लुट रही थी महामारी से
सब नहीं लुटे थे इकतरफ़ा
कुछ लुटे थे राशन के चढ़ते दाम से
जैसे लुटते आए सदियों से मंदिरों से, धाम से

जब दुनिया लडख़ड़ा रही थी महामारी से
सब नहीं लडख़ड़ा रहे थे इकतरफ़ा
कुछ लडख़ड़ा रहे थे भक्ति के जाम से
कुछ लड़खड़ाये बेग़ैरत एक शख़्स के नाम से

जब दुनिया घट रही थी महामारी से
सब नहीं घट रहे थे इकतरफ़ा
कुछ घट गए ग़रीब, अमीर पैरों के दाब से
कुछ घटा दिये गये तौल कर बनिये के हिसाब से

जब दुनिया छुप रही थी महामारी से
सब नहीं छुपे थे इकतरफ़ा
कुछ छुप रहे थे शर्म से
कुछ धर्म की आड़ में छुपे, कुछ जाति के मोटे चर्म से

जब दुनिया मर रही थी महामारी से
सब नहीं मरे थे इकतरफ़ा
कुछ मरे थे अपने अधूरे ख़्वाब से
कुछ होश में मरे कुछ ज़हरीली शराब से

जब दुनिया जल रही थी महामारी से
सब नहीं जले थे इकतरफ़ा
कुछ जले थे डमराये काली सड़कों के ताप से
कुछ जले हवाई जहाज के इंजनों के भाप से

जब दुनिया मर रही थी महामारी से
सब नहीं मरे थे इकतरफ़ा।

आधार

आने वाली फ़स्ल उगे, पर हल तो हो
आज नहीं मेरा गर, इनका कल तो हो!

प्यासा मर जायेगा शायद चातक भी
अबके बादल में थोड़ा सा जल तो हो!

जिनकी बातें उड़कर आती कानों तक
उन बातों के नीचे भी एक थल तो हो!

बेकल हुए जाते हैं हम भी बागों में
ठूँठे पेड़ से आस लगाये, फल तो हो!

एक जाति का मुद्दा भी था न्यायालय में
मिश्रा वाली बेंच, सुनवाई दो पल तो हो!

गुम्बदों के सपनों में यूँ, खोया 'बच्चा'
बिस्तर लगाने के लिए एक तल तो हो!

हम भंगी के साथ खड़े हैं, ये दिखाने को
एक कैमरा, कुछ कूड़ा करकट, मल तो हो!

वो क्या बनायेगा मुझे, जो ख़ुद ही कुछ ना बन पाया
पहले पत्थर में, ख़ुद को, गढ़ने का बल तो हो!

नास्तिकों ने भी देखो, आख़िर ईश्वर चुन डाले
पहले ही बोला था, बस कोई एक दल तो हो!

सार्थकता बनाम निरर्थकता

जब जड़ चेतन भी दुःखी दिखें, सब अपने अंतर्मुखी दिखें
जब तरल कोमल भावना भी, सख़्त और रूखी दिखे।
समझो जीवन व्यर्थ है!
तब जीने का क्या अर्थ है?

जब राह में कोई राही न हो, दुर्गम कठिन खाई न हो
जब नाविक की नाव भी, प्रतिकूल धार पाई न हो
समझो नाव व्यर्थ है!
तब किनारों का क्या अर्थ है?

जो दो दिन से कुछ खाया न हो और क्रोध तुमपर छाया न हो
जब चक्षुओं के कोरों ने, अश्रु किरीट पाया न हो
समझो आँख व्यर्थ है!
तब देखने का क्या अर्थ है?

जो दुखती रग सहला न सके, रोते को फिर से हँसा न सके
जो दिवास्वप्न से खींचकर, एक काम जमीं पर ला न सके
समझो नींद व्यर्थ है!
तब स्वप्नों का क्या अर्थ है?

राम और राज

राम तो हैं, बस राज चाहिए
हमें तो गुलाम समाज चाहिए
तुम नीच बनकर सूत जुटाओ
हमें तो तैयार खाट चाहिए

राम तो हैं, बस राज चाहिए!

तुम रोटी-बेटी लाख चिल्लाओ
जाति का दामन लाख छुड़ाओ
हिन्दू की सीधी धमनी में
हमें तो जाति की गाँठ चाहिए

राम तो हैं, बस राज चाहिए!

भैंस तुम्हारी बड़े काम की
देती दूध हरि नाम की
तुम दूध पिलाते रहना बच्चा
हमें तो सर्प-सा दाँत चाहिए

राम तो हैं, बस राज चाहिए!

देखो जाति का हक खा रहा
वो बेचारा ज़हर खा रहा
लड़ मरो अपनों में ऐसे
हमें तो बन्दर बाँट चाहिए

राम तो हैं, बस राज चाहिए!

तुम्हारी रोटी छीनी हमने,
संसद के गलियारों में
धू-धू कर जलेगा घर भी
बिकोगे बाजारों में
हनुमान की पूँछ तुम्हीं हो
हमें तो बस आग चाहिए

राम तो हैं, बस राज चाहिए!

गूंगा भी हो, बहरा भी हो
अंधे समाज का सेहरा भी हो
जिसके पँख कटे हों दोनों
हमें वही तोता, आज़ाद चाहिए

राम तो हैं, बस राज चाहिए!

परजीवी-सा पड़ा हुआ
पेट तभी तो घड़ा हुआ
दस-पंद्रह ही हैं तो क्या?
हमें पचासी भाग चाहिए

राम तो हैं, बस राज चाहिए!

तुम भैंस को पालो, दूध निकालो
हरी पत्ती, चीनी संग डालो
छलनी हुआ दिल काम आएगा
हमें बना बनाया चाय चाहिए

राम तो हैं, बस राज चाहिए!

ऊँच-नीच का भेद बड़ा है
हिन्दू कहना तो एक कला है
धर्म परिवर्तन कारणों से क्या?
हमें तो हिन्दू राष्ट्र चाहिए

राम तो हैं, बस राज चाहिए!

वो अफवाह और हम लापरवाह

किसी ने अफवाह फैलाई कि
कल सब खत्म हो जायेगा
सुनना ही था कि
वहशी दरिंदे बलात्कार को दौड़े
भूखे भेड़िये जैसे
अँधेरी रात को दौड़े।

किसी ने अफवाह फैलाई कि
कल दंगा हो जायेगा
सुनना ही था कि
गुंडे हथियार को दौड़े
गली के कुत्ते जैसे
बेवजह पीछे कार को दौड़े।

किसी ने अफवाह फैलाई कि
कल फैसला हो जायेगा
सुनना ही था कि
न्याय के खरीददार ले हार को दौड़े
सदी के भिखमंगे जैसे
हर घर त्यौहार को दौड़े।

किसी ने अफवाह फैलाई कि
कल काम मिलेगा
सुनना ही था कि

एक एक युवा रोज़गार को दौड़े
बांध मुरेठा हरखू जैसे
इतवार को दौड़े।

किसी ने अफवाह फैलाई कि
कल इमली 'आम' हो जायेगा
सुनना ही था कि
शराबी बियर बार को दौड़े कोई
पाँव भारी सुहागन
जैसे अचार को दौड़े।

किसी ने अफवाह फैलाई कि
कल इज्जत नीलाम होगा
सुनना ही था कि
रईसजादे मिस्र के बाजार को दौड़े
खम्भे में बिजली जैसे
नंगे तार को दौड़े।

एक आज़ादी ज़ेहन की

फूल से इतना नाता क्यूँ है, दामन में देख काँटा क्यूँ है
साँसें बेचनी पड़ जाये जहाँ, ऐसा बाग लगाता क्यूँ है?

रफ्तार तेरी तरक्की की मरघट के आगे कुछ भी नहीं
दो चूल्हों में फूंक मार, देख कहीं कम आटा क्यूँ है?

महफ़िल तेरी आँखों में, सजती रही है रात भर
उन आँखों में भी देख जरा कल से ही सन्नाटा क्यूँ है?

रक्षा बंधन का नहीं, अब आत्मरक्षा का सूत्रपात करो
जलाओ मनुविधानों को, बचा अभी तक खाता क्यूँ है?

नील की खेती से छूटे, अब कारखानों में हाड़ चटकते
कोई रात भर जगता रहता, कोई यहाँ जम्हाता क्यूँ है?

ये आजादी कैसी आजादी, मैं रंक वही, तू शहजादी
निजाम किसी को काँटों का सेज, किसी को मलमल बाँटा क्यूँ है?

भूख को जीतना था उसे, बिना तनिक भी हिले-डुले
आज पता चला वो बच्चा, जन-गण-मन गाता क्यूँ है?

कबिरा की माटी

है तेरा और सूरज का मसला
औरों के दिन को रात न कर।

जब जग ही गई पत्थर में आस्था
समझ की फिर वहाँ बात न कर।

एक वजनी वजह सोच के आ
झगड़ा यूँ बेबात न कर।

आगे से आ, हौसला दूँगा
पीछे से यूँ घात न कर।

होंगे अभी मिट्टी के घर
बादल यूँ बरसात न कर।

जिससे छली गई दुनिया
वो हाथी वाला दाँत न कर।

है ये कबिरा की माटी
यहाँ धर्म और जात न कर।

खुद को भी समय दे बच्चा
दुनिया भर की बात न कर।

गणतंत्र पर षड्यंत्र

फटी-बटी चुवनी छतरी के, नीचे कौन मुआंता है
आजादी अब भीग रही, पूरा गणतन्त्र हुँहुँआता है।

अब शायद एहसास तुम्हें हो, माली के मरने का
जब तानाशाह मूते तेजाब, तो लोकतंत्र मुरझाता है।

रसोई का कोई घेरा नहीं, ये घुटन सिर्फ मेरा नहीं
जब फूले साँस चूल्हों की, तब पूरा देश धुआँता है।

हो उस पार या इस पार, खींच लो चाहे रेतीले तार
राष्ट्रवाद की सुँघनी देकर, कोई भूखा तुम्हें सुलाता है।

तुम राष्ट्रगान के सम्मान में स्तब्ध खड़े पिटते रहे
वह झंडे को जेब में रख, सिर्फ डंडे को घुमाता है।

आजादी अब भीग रही, पूरा गणतन्त्र हुँहुँआता है

बहुरुपियों का स्वांग

सब कुछ तो है बस लौ की कमी है
पिघलेगी पीर सब, जहाँ तक जमी है।

कपड़ों से कब पहचाने गए लोग
देखना ज़रा, किन आँखों में नमी है।

उनसे क्या आशा, भरोसा रखें हम
जो कहते रहे केवल हम और हमीं हैं।

शाहों के घर में व्यापारी बड़े हैं
दासों की कब यहाँ तस्करी थमी है।

मगरूर सत्ता में चूर डूबे हुए हैं
और कहते हैं शराब में खूँ की कमी है।

लुट रहा चमन यहाँ जल रहा वतन है
रहनुमाओं की अपनी महफिल जमी है।

तुम भी मुँह छिपा लाठी लाओ न 'बच्चा'
बुजदिलों की टोली में एक तुम्हारी कमी है।

अलकायदों की तरह जिम्मेवारी हम लेंगे
हम ही देशभक्त और आतंकी हमीं हैं।

आशाएँ

इस साल न हो काँटो की डली, इस साल न कली मुरझाई हो
इस साल तप्त मरुभूमि भी, पानी में गोते लगाई हो।

इस साल में हो पुरनम आँखें, इस साल न मातम पाई हो
इस साल टपकते आँखों में, खुशियों की अलग परछाई हो।

इस साल न हो आवाज़ दमन, इस साल न कहीं लड़ाई हो
हो अमन-चौन की शुभ्र सुबह और हल्की सी पुरवाई हो।

इस साल न कोई भूखा सोए, इस साल न खाली कड़ाही हो
इस साल भात में दूध मिले, इस साल खीर हाथ आई हो।

इस साल न कहीं दामन लुटे, इस साल न कोख जलाई हो
इस साल दहेज के नाम कहीं न, बेटी की तौल कमाई हो।

इस साल गोद में बुद्ध पले, सावित्री जैसी माई हो
नव प्रबुद्ध भारत के खातिर, शिक्षा की अलख जगाई हो।

इस साल कृषक सूखे न धान सा, एड़ियों में रोपाई हो
फिर एड़ियों के फटे घाव में, खाद की भरपाई हो।

इस साल लोकतंत्र देश गढ़े, नींव मानवता पाई हो
ईटें इसकी समतावादी, संग न्याय बंधुता लाई हो।

एहसास

वो आग है या आब है? ज़रा जाकर देख,
संभलना क्या होता है? ठोकर खाकर देख।

ये सजना, संवरना, रातभर जगना है क्या?
ये मचलना क्या होता है? दिल लगाकर देख।

पसीने की रोटी है, है इसमें खून भी आधा,
ये खर्च क्या होता है? ख़ुद कमाकर देख।

मंदिरों में क्या है भला? वहाँ रोता है कौन?
इबादत क्या होता है? किसी को हँसाकर देख।

जिस बात का है दर्प, वो है सर्प की सीढ़ी,
जीवन क्या होता है, धूल उड़ा कर देख।

हाथ पर हाथ धरे, बाट कब हुआ है खतम?
मंज़िल क्या होता है? कदम बढ़ा कर देख।

ये लफ्जो के हल से, कागज की जुताई नहीं
किसान क्या होता है? गेहूँ उगा कर देख।

कर्मपथ

रगड़ कर पाँव, पत्थर को तार-तार कर दे
उठ अब नींद से और सपनों को साकार कर दे।

खाद पानी से जिस माली ने तुझे सींचा है
बनकर फूल, उस बगिया को गुलजार कर दे।

कब तक नाव के भरोसे बैठा रहेगा राही
पतवार फेक और तैर के नदिया पार कर दे।

किताबें ढाल बनें, कागज़ बनें कवच तुम्हारे
कलम चलाकर, चाकू से तेज धार कर दे।

रातभर जगना है, सूरज तेरे दुश्मनों के साथ
किरीट आँखों की पुतलियों में कुछ उधार कर दे।

क्या कभी आज तक ऐसा कहीं हुआ है भला
तुम्हारे कष्टों को दूर, मंदिर तो कोई मजार कर दे?

ज़िंदगी तुम्हारी है, जीना तुम्हें खुद से ही है
कोई और नहीं, जो कंधों का हल्का भार कर दे।

जब तक जीना, खुशियों के बाज़ार लगाना तुम
यार मर ऐसे कि दुनिया को कर्ज़दार कर दे।

नींद

नहीं सपने कोई आये, तो है बस नाम की नींद
जैसे रुग्ण देह उठा लाया हो, शाम की नींद।

किसकी इच्छा हुई पूरी यहाँ, सब अधूरे हैं
कौन सोया है इन कब्रो में, आराम की नींद।

कौन जगाये इन्हें, सुतुही से पय पिलाये भला
ये मूर्ति सोई है सदियों से जैसे आवाम की नींद।

जिस्म कोयला हुआ जाये, आँखें धुआँ-धुआँ
कई तो सुबह तक जगे हैं यहाँ, थाम के नींद।

सूरज डूबे नहीं बस बादलों में छुप जाये जरा
कई जम्हायेंगे यहाँ, लेंगे कई हराम की नींद।

कोई है यहाँ, जो इन सब से जुदा, बिल्कुल जुदा
लेना चाहता है पूरा, नहीं बस नाम की नींद।

लहू की कणिकाएँ

नसों में हमारी लहू कणिकाएँ
खनकती रही हैं सदा ही।

किसी क्रांतिकारी बगावत को आतुर
भड़कती रही हैं सदा ही।

कोई इनसे पूछे न, क्यों हैं बेकाबू
ये लड़ती रही हैं सदा ही।

रिक्शे के पैडल से दबती नसें हैं
रिसती रही हैं सदा ही।

गरीबों की जेबों पर डाके हैं पड़ते
लुटती रही हैं सदा ही।

आए लाख आँधी, मशालों की छाती
जलती रही है सदा ही।

किसी की कलम तो किसी की एड़ी
घिसती रही है सदा ही।

लड़े थे, लड़े हैं, लड़ेंगे भी आगे
ये रीति रही है सदा ही।